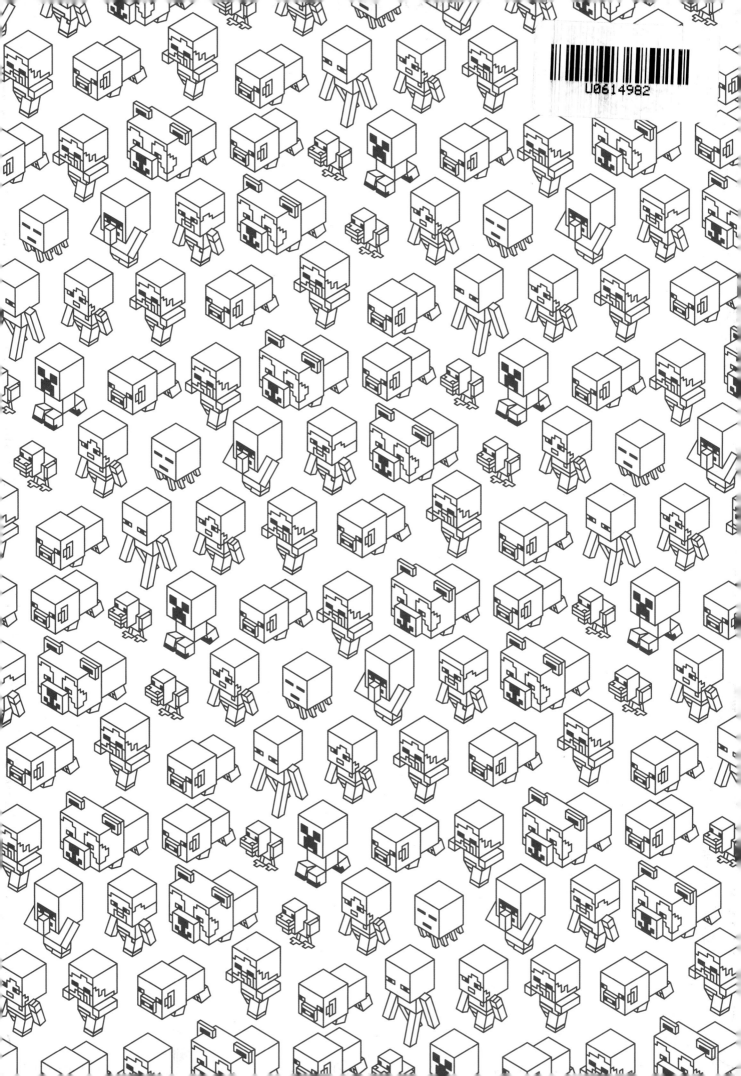

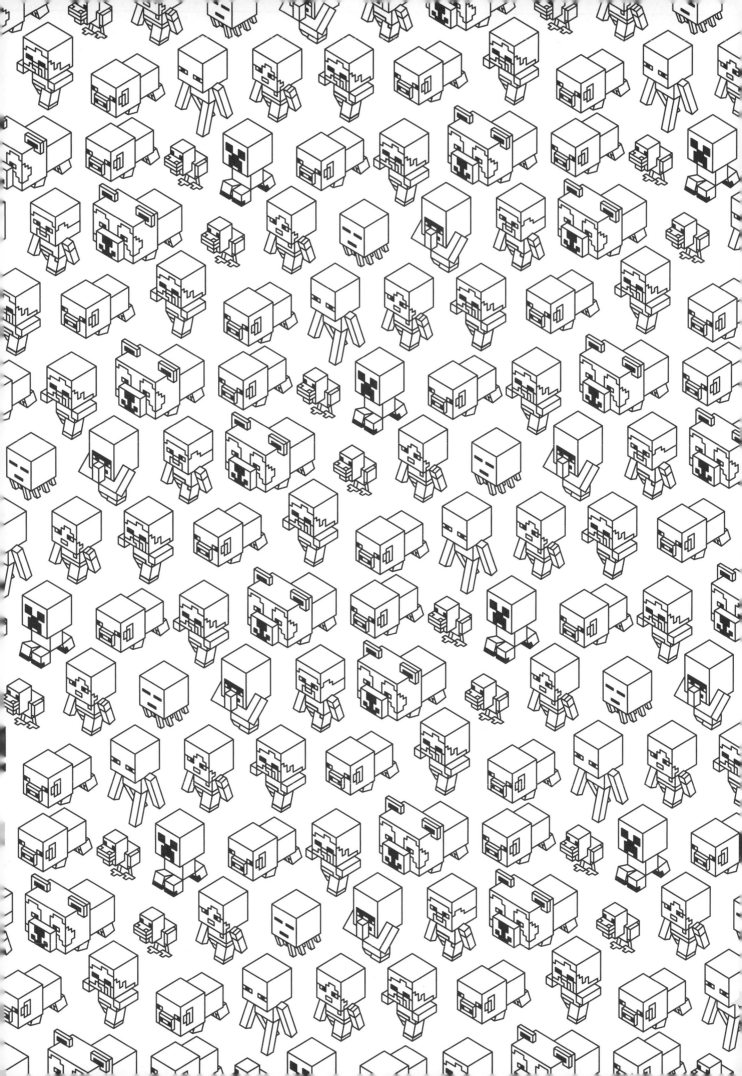

我的世界 MINECRAFT

年鉴2021

童趣出版有限公司编译 人民邮电出版社出版

北 京

图书在版编目（CIP）数据

我的世界年鉴. 2021 / 瑞典魔赞公司和魔赞协同公
司著；童趣出版有限公司编译；常培丽译. -- 北京：
人民邮电出版社，2021.4
ISBN 978-7-115-55853-4

Ⅰ. ①我… Ⅱ. ①瑞… ②童… ③常… Ⅲ. ①智力游
戏－儿童读物 Ⅳ. ①G898.2

著作权合同登记号 图字：01-2020-6812

First published in Great Britain in 2020 by EGMONT BOOKS

an imprint of HARPERCOLLINS PUBLISHERS LIMITED

1 London Bridge Street London SE1 9GF United Kingdom and

103 Westerhill Road Bishopbriggs Glasgow G64 2QT United Kingdom

Written by Dan Whitehead and Thomas McBrien

Edited by Thomas McBrien

Designed by Paul Lang and Andrea Philpots

Illustrations by Ryan Marsh

Production by Louis Harvey and Laura Grundy

Special thanks to Alex Wiltshire, Sherin Kwan, Filip Thoms, Amanda Ström, Kelsey Howard, Isabella

Balk and Åsa Skogström

文字翻译：常培丽
责任编辑：吴　悦
责任印制：李晓敏
封面设计：董　雪
排版制作：涿州英华佳彩广告有限公司

编　　译：童趣出版有限公司
出　　版：人民邮电出版社
地　　址：北京市丰台区成寿寺路 11 号邮电出版大厦（100164）
网　　址：www.childrenfun.com.cn

读者热线：010-81054177
经销电话：010-81054120

印　　刷：天津海顺印业包装有限公司
开　　本：889×1194 1/16
印　　张：4.25
字　　数：90 千字
版　　次：2021 年 4 月第 1 版　2022 年 6 月第 4 次印刷
书　　号：ISBN 978-7-115-55853-4
定　　价：69.00 元

版权所有，侵权必究。如发现质量问题，请直接联系读者服务部：010-81054177。

目录

2

28

59

你好！

**什么，准备好了吗?!
是的，准备好了!
欢迎来到《我的世界年鉴2021》!**

我们期待着把过去一年有关《我的世界》发生的一切与你们分享，比如《我的世界：地下城》! 这是令人兴奋的全新冒险，你可以用前所未有的方式穿越主世界! 在接下来的内容中，我们还整理了一些秘诀，帮助你战胜邪恶的奇厄教主。

此外，探索下界奇怪而可怕的新生物群系，你喜欢吗? 我们将全程带你游览，并向你介绍这里的新居民。我已经穿上金盔甲，还结识了一些亲密的猪灵朋友，但我也不知道为什么我会决定成为游戏中的疣猪兽养殖户。

我们引以为豪的是《我的世界》在现实世界的活跃程度。也许你一直在用《我的世界：地球》来探索你周围的街道和空间，是吗? 除此之外，我们还与联合国人类居住区规划署（简称联合国人居署）合作开展"块块相依"项目——看看《我的世界》是如何重塑和改变我们的城市空间的。

你还可以寻找机会，学习如何用《我的世界》进行人工智能编程。哇，回顾过去这史诗般的一年，有太多事情可圈可点! 不过，我最好还是先保持沉默，让你亲自来探索一番吧!

亚历克斯·威尔特希尔
Mojang 团队

1

忙碌的一年！

随着时间的推移，《我的世界》变得越来越受欢迎。2020年，我们看到了大量令人兴奋的新内容，还有众多新生物、新方块以及新的生物群系可供探索和体验。除此之外，还有一款新的桌上游戏和两款新的电子游戏也问世了呢！

斯帕克斯为你指点迷津！

嗡嗡蜂群

在这些勤劳的昆虫和美味的蜂蜜出现后，《我的世界》就开始变得嗡嗡作响了。

副产品

你可以把你的残羹剩饭做成有用的骨粉。

史诗级任务

《我的世界：地下城》提供了一种全新的方式，可以与朋友一起探索和冒险，完成史诗级任务。

开启新篇章

《我的世界：地球》，一款全新的增强现实版（AR）手机游戏，开创了共享游戏的新篇章。

正中靶心

游戏中增加了许多新方块，比如新的标靶方块。

大变身

新的角色创建器允许你从头到脚打造自己的个人形象。

高光时刻

下界添加了诡异的红色下界疣森林和蓝色下界疣森林。请来参观新的生物群系，尽情探索吧。

堆方块

《我的世界》的桌上游戏《建造者与生物群系》，证明了你不需要屏幕也能玩得开心。

灯光，摄像机，开机！

《我的世界》电影正在制作准备中，很快与大家见面。

猪灵和疣猪兽

这些满嘴獠牙的捣乱分子来到了下界。闪闪发光的金盔甲会吸引猪灵的注意力。

掠夺者

当心这些挥剑舞弩的暴徒。它们会摧毁村庄，抢走你的宝物。

复古网页版，伙计！

为庆祝《我的世界》发行十周年，Mojang发布了《我的世界》十周年网页版，带我们回到2009年，PC端玩家通过浏览器打开游戏就可以体验到原汁原味的2009版游戏，当时还只有32种方块。那时候，玩家可以登录《我的世界》网站参与游戏，还能和最多9位玩家一同参与游戏。

3

《我的世界》十周年纪念

感谢你们，玩家社区！

《我的世界》每加入一种新方块和一个新角色，玩家社区的探索性和创新性就增加一分，玩家和开发者也就越高兴。自《我的世界》成立以来，从创建令人难以置信的红石装置、创造令人惊叹的纪念碑，到投票选取要添加的新内容，玩家一直都是《我的世界》的支持者。这像一次疯狂的旅行，但我们从不后悔。我们期望你的初心永远不变。

斯帕克斯为你指点迷津！

这不只是一款游戏！

《我的世界》已经不仅仅是一款游戏，它也是一个平台，一个社交中心，一个沙盒，一个增强版的现实世界，更是你的心之所向。

玩家社区外展

这款游戏能将玩家社区聚集在一起，的确很特别。自游戏创立以来，《我的世界》一直与慈善组织合作，以提高人们对全球事业的认知。玩家共同发起了一项珊瑚礁修复项目，为世界自然基金会募集捐款，并举行了"Weekend for Water"直播活动。玩家社区接下来会做什么？这由你们来决定。

开始

2亿

《我的世界》问世10年，全球共计销量2亿份。

1.31亿

全球月度活跃用户数达1.31亿。

4亿

《我的世界》中国版注册用户数已达4亿。

51%

美国51%的9~11岁儿童下载《我的世界》游戏。

新视野

Mojang已发行了《我的世界》两款新游戏。《我的世界：地球》和《我的世界：地下城》——这两款游戏保证让你畅玩数小时也不满足。

设备

《我的世界》已扩展到几乎所有可用的台式机、主机设备和移动设备。玩家可以在自己喜欢的设备上随意加入朋友的游戏中。

所获奖项

对于《我的世界》来说，这是令人难以置信的10年。自游戏发布以来，《我的世界》被《娱乐周刊》《时代周刊》《华盛顿邮报》等评选为10年来最优秀、最具影响力的限定游戏之一。《我的世界：地球》还入选了《时代周刊》2019年最佳创新游戏。

《我的世界》教育版

近年来，《我的世界》教育版发展迅速，在115个国家拥有3500万用户。目前，《我的世界》教育版有500门免费在线课程。自2015年以来，来自全球各地的学生已经完成了超过1.3亿课时的课程。

联合国人居署："块块相依"项目

斯科特为你指点迷津！

你是否曾为周围城市的设计规划感到沮丧？

是因为商店太远，还是人行道太窄？世界各地的偏远城市社区每天都面临着这样的问题。《我的世界》与联合国人居署合作的"块块相依"项目参与到城市空间规划中来，与这些偏远城市社区共同改善当地环境，重新设计公共空间。

Mojang、微软公司和联合国人居署共同创建的基金会大放异彩，让各个年龄段、不同背景和不同文化程度的人们参与到当地发展项目中。通过《我的世界》，超过170万人在塑造自己的社区项目中建言献策，这款游戏也成为各方为城市规划贡献力量和参与合作的绝佳平台。

在不到10年的时间里，"块块相依"在30多个国家资助和启动了几十个公共空间项目。2019年，17个公共空间项目竣工，36个新增公共空间项目开工。更令人惊叹的是，"块块相依"项目已完成了27个城市的未来项目评估。

为什么选择《我的世界》？

《我的世界》的沙盒风格使得所有年龄段用户都可以轻松地在这个平台中交流，并设计自己的建筑。"块块相依"作为一个无障碍交流平台，将当地社区内的人聚集在一起，帮助他们设计公共场所的外观，也提供了一个培养创造力和团队精神的安全空间。

赋予年轻人权利

鼓励年轻一代积极参与设计他们未来将使用和享受的公共区域。

可访问性

"块块相依"项目积极致力于将不同背景和掌握各种技能的人聚集在同一个工作空间。

社会融入

"块块相依"项目接纳所有人参与其中，尤其是贫困人口和妇女等社会话语权弱势群体。

每年，"块块相依"项目都会收到来自数百个城市社区的申请，申请者希望在自己家乡开展相关项目。

项目委员会审核申请，并根据项目的可行性、可持续性和社会影响对其进行评估。对当地社区和企业产生较大积极影响的项目会被项目委员会选中。

改变生活

每个"块块相依"项目都旨在向当地社区灌输一种自豪感。通过倡导亲自动手的参与方式，项目基金会激发了那些努力重振公共空间的人们的热情。热情是有感染力的，它需要的就是奉献精神。改变你周围的生活，你能做些什么呢？

那些数百年的历史建筑不仅影响了城市设计，还导致城市街区网络混乱。"块块相依"项目在一些国家选择了需要特别关注的地区，因为这里的孩子要穿过昏暗、危险的地区去上学。

"块块相依"项目创办了工作间，让这些受到特别关注地区的女学生一起分析该地区的情况。学生们有机会解决一些常见的问题，如光线差、角落黑暗和垃圾堆积。通过团队合作，学生们在《我的世界》中增加照明设施、改善标识并修缮公共卫生间，重构了整个社区，改善了公共区域环境。

在谈到女性安全问题时，她们还建议提供庇护所、安全围栏和免费公用电话。星星之火，可以燎原，她们的建议还促进了改善公共区域形式的变革。

园艺天堂建筑挑战

第一部分

蜜蜂让自然界嗡嗡作响，现在它们在《我的世界》中也发挥同样的作用。它们还能给植物授粉，制造美味黏稠的蜂蜜！这些色彩鲜艳的动物对加速作物生长很有帮助。你准备好建造自己的园艺天堂了吗？

和蒙蒂一起建造！

1 作物

尽可能多地种植作物。携带花粉的蜜蜂会在作物间穿梭，为作物授粉，使它们生长得更快。确保把你的作物种植在你的蜂箱和花之间，以获得最大的授粉覆盖率。

2 花粉

当蜜蜂携带花粉时，你可以看到它们周围的花粉颗粒。如果在野外寻找蜂巢，你可以跟着一只授粉的蜜蜂回家，找到它生活的地方。

5 蜂蜜

经过 5 次授粉后，蜂箱和蜂巢将溢满蜂蜜。用一个空瓶子收集美味的蜂蜜。4 瓶蜂蜜会形成 1 个蜂蜜块。如果把蜂蜜块放在地上，可以减慢敌人的速度。你还可以用这种黏糊糊的食物做更多的事情。

6 蜂箱

每个蜂箱可为 3 只蜜蜂提供一个舒适的家。计划好你的花园面积，然后在外面放置许多蜂箱。

3 营火

在蜂巢下或蜂箱前放置营火，让蜜蜂在烟雾中入睡。这样你移动它们的时候才不会被蜇。

7 位置！位置！位置！

蜜蜂喜欢温和的气候，所以选择一个适合的生物群系，比如花园中的花丛。你在冰原上见过蜜蜂吗？没有！

4 花

蜜蜂喜欢花。把蜜蜂放在你的花园周围，为花授粉。花园里的花越多，蜜蜂就越忙。

园艺天堂建筑挑战

第二部分

精准采集

你只能用一个有精准采集附魔的工具来移动蜂箱和蜂巢。其他任何工具都会摧毁它们，还会激怒里面的蜜蜂。

当心！

就像现实生活中一样，你要是激怒了蜜蜂，它们就会蜇你。一旦有一只蜜蜂蜇了你，其他蜜蜂也会蜂拥而上。嗬！任何蜇过人的蜜蜂都会死掉，所以不要被蜜蜂蜇，在游戏里尽情畅玩吧！

温室结构

和蒙蒂一起建造！

🕐 **0.5 小时**　　❶❷❸❹ **初级**

　　蜜蜂授粉是使作物快速生长的最新方法，但不代表之前的旧方法就不管用。在你的园艺天堂附近建造一个温室，让你的世界变得更好！

建筑
小提示

　　在你的温室里种植作物不需要阳光。加一些灯笼照亮温室，这样你的作物就可以在夜间继续生长了。让蜜蜂休息一下吧！

桦木楼梯

9格

灯笼

桦木活板门

黑色染色玻璃板

9格

6格

16格

苔石

下界

另一个重大更新也已发布，这一次将彻底改造我们最喜欢的维度！这里有很多新的生物和方块，甚至全新的生物群系也有待发现。让我们潜入传送门，发现下界的新变化吧。

斯科特为你
指点迷津！

灵魂沙峡谷

你可以游览灵魂沙峡谷，那里有广阔的熔岩湖、深邃的峡谷和高大的玄武岩柱。这个生物群系会发出浅蓝色的光，空气中飘浮着灰色的小颗粒。这里是幽灵和骷髅的热门聚集地，所以一定要准备好远程武器和箭！

绯红森林

这个新的生物群系是菌类的天堂。参观这片深红色的森林时，你会找到许多深红色的东西，比如菌光体和垂泪藤。小心，敌对生物猪灵和好斗的疣猪兽已经在这里安家了。带些骨粉来培养菌类——效果是惊人的！

玄武岩柱

菌光体

下界化石

菌类

猪灵

成年猪灵是敌对生物，但只要你穿着金盔甲，它们就会变回中立型生物，并且很乐意与你交易！你需要迈出第一步。小心，它们很容易被激怒。丢一块金锭到它们脚边，开始以物易物。

远古残骸

诡异森林

这是下界最寂静的地方。这里满是诡异巨型菌、菌光体和诡异菌岩。前往这个深蓝色生物群系，获取你的诡异类物品吧！不过，要提防末影人——他们喜欢这里。你可以戴一个南瓜头，用来躲避末影人。

绯红菌岩

垂泪藤

下界合金

所有的合成玩家注意！听说有一种全新的、稀有而神秘的材料比钻石更耐用，叫作下界合金。这种材料有一些特殊的性能，可以用来改善金刚石制品。合成一个下界合金锭，需要用4个下界合金碎片和4个金锭。

下界合金锭合成配方

MOST DIFFICULT ITEM

奖项

今年我们决定提名游戏中最困难和最耗时的物品是：下界合金锄。用游戏中两个最罕见的方块才能创造出一个下界合金锄！与其他下界合金物一样，下界合金锄会漂浮在熔岩中，但不同的是，它的效率并不比钻石锄头高。制作下界合金锄，需要耗费大量的时间和精力。

疣猪兽

一旦和疣猪兽对视，疣猪兽就会变得攻击性很强，会用它们强大的角把玩家抛向空中。你可以用绯红菌饲养它们，使它们成为你在下界能饲养的唯一的敌对生物，但它们讨厌诡异菌。小心你的手指哦！

灵魂火

新的方块和物品

灵魂火把和灵魂灯笼

诡异菌核

绯红菌核

远古残骸

玄武岩

下界合金锭

灵魂土

加油！

　　在普通的方块上跳跃的确很好玩，但是为什么不给你的跑酷公园增加一些运动部件呢？不断运动的红石活塞是很容易建立的，也是增加危险点的好方法。按照指导，为你的跑酷公园建立自己的时钟电路活塞墙吧。

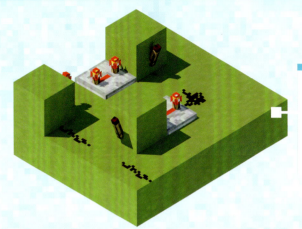

1 从构建一个时钟电路开始。这个红石机械将持续产生一个脉冲信号，直到你关闭它。

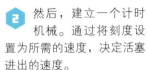

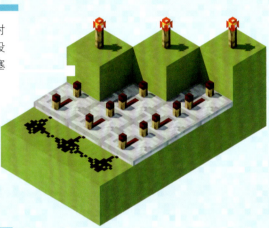

2 然后，建立一个计时机械。通过将刻度设置为所需的速度，决定活塞进出的速度。

3 建立一个信号梯连接到你的活塞。信号梯的高度按你的需求建造就可以——在你的红石中继器和活塞之间可以用方块和红石火把填充。

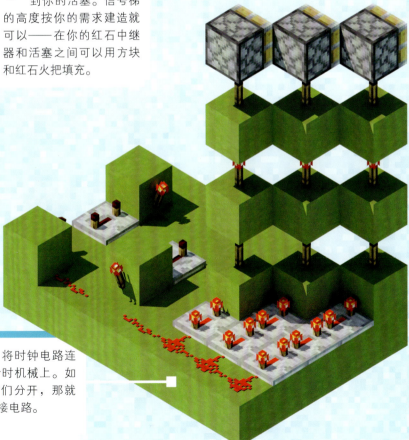

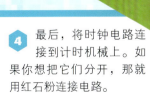

4 最后，将时钟电路连接到计时机械上。如果你想把它们分开，那就用红石粉连接电路。

最酷的社区活动

《我的世界》最为人称道的就是它能深入现实世界，将人们聚集在一起，帮助他们做出积极的改变。从小型集会到大型国际会议，《我的世界》在世界各地举办了多种活动。

以下活动是我们最喜欢的……

斯科特为你指点迷津！

令人印象深刻的公益项目

《村庄和掠夺》的更新为《我的世界》带来了新的水井系统，Mojang通过支持公益水项目——"Weekend for Water"周末筹款活动来庆祝版本更新。包括JackSepticEye在内的一些顶级网络明星，与他们的粉丝合作共同参与项目，共筹集了11.7万美元，为世界上一些贫穷地区提供了干净的饮用水。

线上音乐节

你参加过虚拟演唱会吗？2020年4月，活动主办方——虚拟活动创意团队Open Pit和纽约数字流行乐团Anamanaguchi联合举办了一场《我的世界》COVID-19公益音乐节。听众可以在比赛中观看音乐节，以及Baths、Wavedash、Hana和American Football等明星乐队在布鲁克林知名演出俱乐部Elsewhere的演出。

MINECON 2019

世界各地的《我的世界》玩家都在关注这个来自美国纳什维尔的现场直播社区活动，该活动展示了游戏中大量酷炫的新功能。除了主视频之外，还有顶尖的模组作者和建筑师的现场直播。整个活动由Mojang工作室的莉迪亚·温特斯主持，Masuo、Marielitai、Shubble和Dangthatsalongname等网络媒体播主提供了帮助。超过550万人收看了这个节目，真的太惊艳了！

MINECRAFT LIVE 2020

Minecraft Live 在现场拍摄，并通过互联网同步到世界各地！这次活动在 2020 年秋天举办，公布了激动人心的下一个《我的世界》更新主题、演示、社区创作者的分享，以及过去一年《我的世界》历程的回顾。

建筑和获胜者

祝贺法国少年路易斯·瓦兰，在 2019 年 10 月《我的世界》设计可持续城镇的全国比赛中获胜。路易斯的作品之所以被选中，是因为它鼓励了生物多样性，节约了水资源，减少了能源的使用，提高了虚拟居民的生活质量。还有布拉沃·路易！这位 16 岁的少年击败了其他 1200 名参赛者，并获得了一个 3D 打印的城镇模型作为奖品。快来看看有什么《我的世界》比赛你可以参加吧！

编码教程

"我的世界 编程一小时"团队为我们带来了"人工智能，让世界更美好"教程，他们正忙着发布为年轻程序员准备的系列编程教程中的最新教程——《我的世界水上航行》(Minecraft Voyage Aquatic)。在本系列教程中，玩家使用积木块学习和开发编程的基础知识，同时创建自己的游戏。访问他们的网站了解更多信息吧，可以从《我的世界》探险家和《我的世界》设计师开始。

《我的世界》

篝火故事会

玩家社区总是给我留下深刻的印象，并给我以启发！每天都有新的故事发生，诉说着这个社区多么充满爱与关怀。这里有一些野外冒险故事，以及在《我的世界》里非常杰出的玩家和史诗般的建筑。

斯帕克斯为你
指点迷津！

58

爱的回馈

《我的世界》最伟大的特点之一就是它将人们聚集在一起，而很少有人能像游戏ID为 Pendar2 的布莱恩·赫弗南那样将这一点体现得淋漓尽致。早在2011年，布莱恩就创建了广受欢迎的 Emenbee 服务器，玩家超过100万。不幸的是，布莱恩得了绝症，不得不关闭服务器。不久之后，他的朋友和粉丝恢复了服务器，对布莱恩以及他为《我的世界》社区所做的一切表示敬意。据悉，成千上万的玩家登录服务器来悼念他。

千变万化的世界

这可能是我们见过的最疯狂和最丰富多彩的建筑作品之一！这幅建筑地图名为"疯狂幻境"，设计师——环境艺术家伊曼纽尔I. M. K.将它设计得如梦如幻，充满了异国情调。这张地图上有许多藐视地心引力的建筑，比如飞起的建筑结构和色彩鲜艳的盘旋的水母。伊曼纽尔将其描述为"一个在完全陌生的流派中生根发芽的现实"，这样的描述再合适不过了！如果你想找一张适合冒险的地图，就是这一张！

一个传奇倒下了

网络主播Ph1LzA，真实姓名为菲尔·沃森，他坚持了5年的《极限生存挑战》游戏于2019年4月突然结束。菲尔在游戏里走了6316千米，飞行了7798千米，跳了732389次，打破了历史纪录。但后来他被一个小僵尸吓到，骷髅射中了他，最后又被一只蜘蛛咬死，他在直播时输掉了游戏。他的不可思议的故事被报道，他将自己的好名声充分利用起来，在网上为红十字会筹集资金。我们向你致敬，Ph1LzA！

国家建设

你做过的最伟大的事情是什么？建一栋大楼，一个村庄，还是一座城市？这些在菲律宾建筑师IGFredMcWaffe面前都不值一提，因为他花了6年时间建了一个国家！这个国家被称为联邦群岛共和国，境内有6个州，每个州都有自己的建筑和文化。他甚至为这个国家绘制了一部完整的历史，并规划出在现实世界里这个国家会出现的地方（如果你想知道的话，我告诉你，它挨着新西兰）。令人惊叹的是，他还在继续扩建，这真是史诗般的建筑！

解密灾厄村民

你将成为一名解密大师！贝尔已经带着加密文件逃离了奇厄教主的领地。你必须破解密码，揭示他们的暗语。请研究下面的神秘符号和神秘符文，解密隐藏的信息吧。

和贝尔一起
挑战！

密码表

A	B	C	D	E	F	G	H	I	J	K	L	M

N	O	P	Q	R	S	T	U	V	W	X	Y	Z

答案见第62页。

再会！

哇哦，好一个丰收年！

时间飞逝，我们加速迈进了《我的世界》历史的下一个10年，未来会更加广阔。但是，我们永远不会忘记，这一切都取决于你和你惊人的创造力。非常感谢你的一路相伴！

亚历克斯·威尔特希尔
Mojang 团队

答案

14～15页

60～61页

SHUNNED BY MY KIN, I AM DOOMED TO WANDER THE LAND ALONE.

我的亲人离开了我，我注定要独自在这片土地上流浪。

AT LONG LAST, I HAVE FOUND SOMETHING THAT WILL CHANGE MY FUTURE FOREVER, THE ORB OF DOMINANCE.

终于，我找到了一件能永远改变我未来的东西……支配之球。

ALL SHALL BOW BEFORE ME! AND THOSE THAT DO NOT BOW, SHALL FALL.

人人都要向我俯首称臣！不低头的必会倒下。

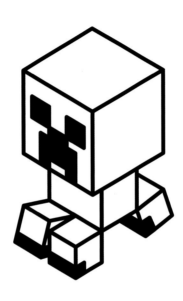

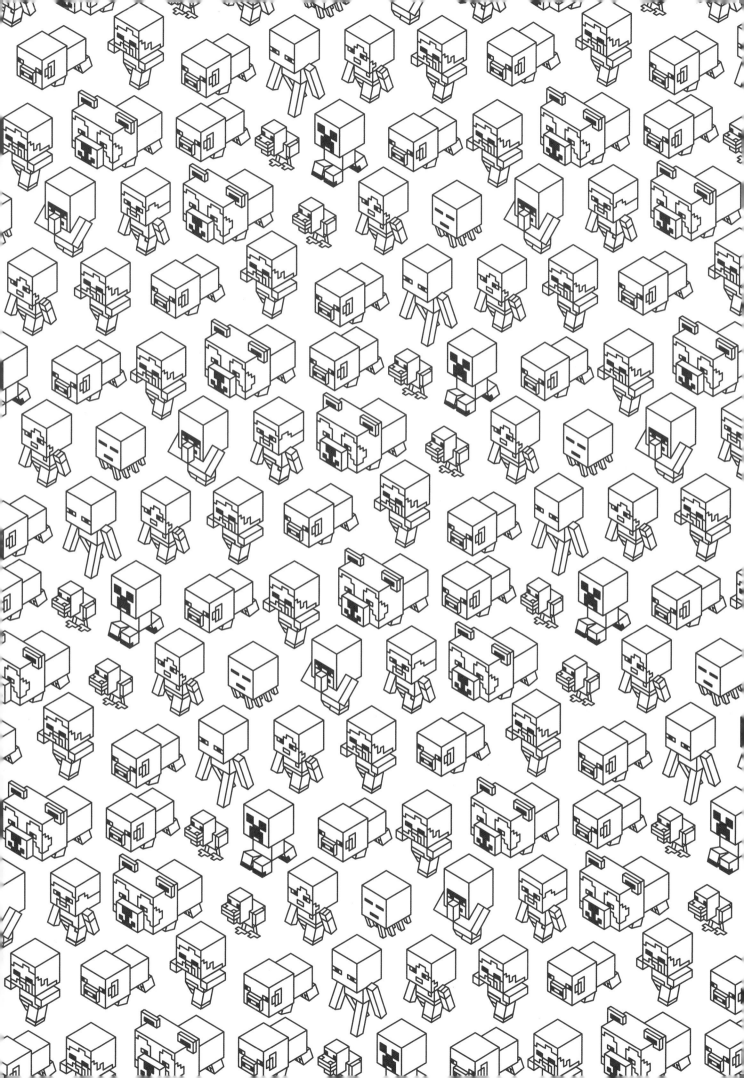

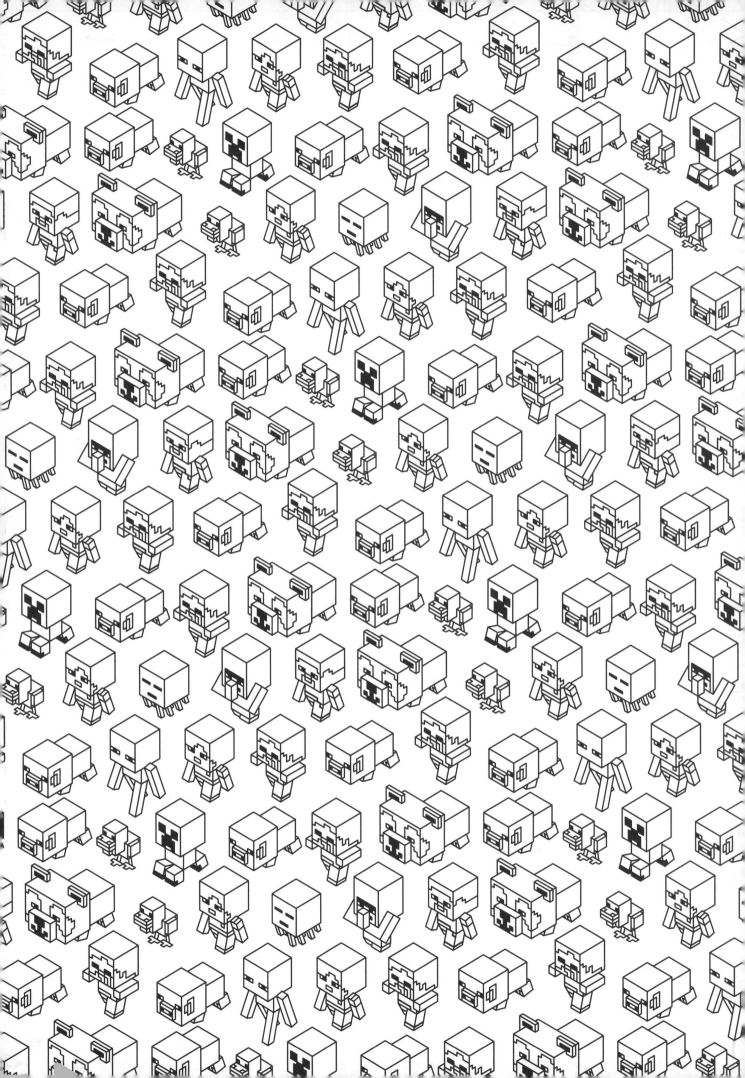